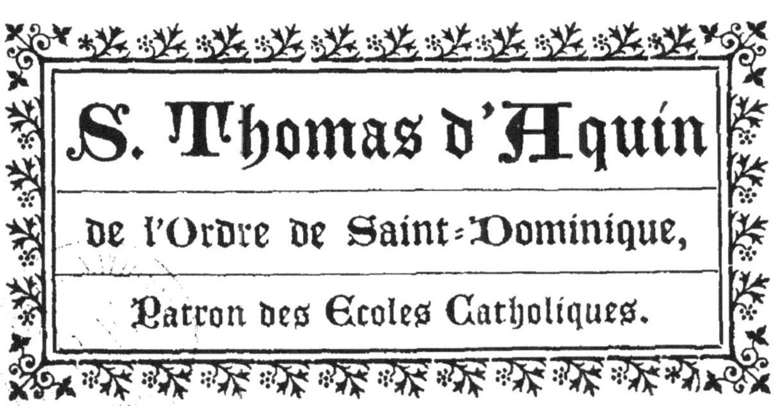

S. Thomas d'Aquin

de l'Ordre de Saint-Dominique,

Patron des Écoles Catholiques.

15e SÉRIE.

Saint Thomas d'Aquin

de l'Ordre de Saint=Dominique,

Patron des Écoles Catholiques,

par le R. P. LOUIS BOITEL,
du même Ordre.

SOCIÉTÉ SAINT-AUGUSTIN,

DESCLÉE, DE BROUWER ET Cie,

Imprimeurs des Facultés Catholiques de Lille. — 1896.

— SAINT THOMAS D'AQUIN. —

Fresque de Fra Angelico, Florence, couvent Saint-Marc.

É en 1226, d'une famille napolitaine, saint Thomas donna, dès son entrée en ce monde, des signes prophétiques de son angélique sainteté et de ses lumières futures. De son front si tendre s'échappaient des rayons qui l'enveloppaient d'une auréole brillante. Quelques mois encore, et une pieuse boutade enfantine présagera sa filiale dévotion à Marie. Un jour que sa nourrice le portait au bain, elle s'aperçut qu'il tenait à la main un morceau de papier. Ce joujou lui paraissant superflu, elle essaya de le lui prendre. Mais l'enfant, serrant sa petite main, refusa de livrer son trésor. La nourrice insiste, caresse, supplie. Peine inutile, la main ne s'ouvre pas. Elle prend un air sévère, ses yeux et ses gestes se font mena-

çants ; seuls des pleurs et des cris de résis-
tance y répondent. La mère arrive, ressource
suprême ! et, de force autant que d'autorité, enlève aux doigts récalcitrants le
précieux chiffon. Intriguée, elle le regarde.
Qu'y voit-elle ? Ces deux mots : *Ave Maria.*
Pieuse elle-même, la comtesse Théodora
eut une maternelle intuition de l'avenir et
rendit le papier à l'enfant, qui l'avala
aussitôt, obéissant ainsi à l'instinct de
l'amour qui aspire à manger ce qu'il aime
pour mieux s'unir à lui, et à l'attrait surna-
turel qui tournait déjà son cœur d'enfant
vers la Mère de l'Enfant-Jésus.

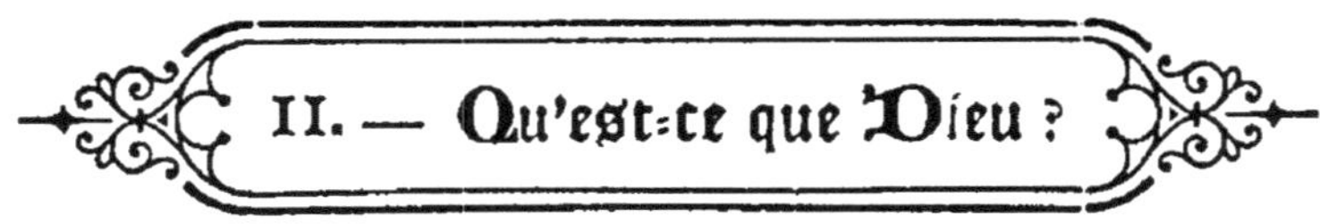

HEURES charmantes pour une mère
chrétienne que celles où elle assiste
à l'éveil religieux de son enfant ! Chaque
jour, chaque année, la mère de saint Thomas voyait l'action de DIEU grandir en lui
et l'envahir de plus en plus. A cinq ans,

selon la coutume des familles nobles ita-

liennes, elle le confia aux Bénédictins du
Mont-Cassin. Où l'âme de l'enfant pouvait-

elle être plus en sûreté qu'auprès du tabernacle et aux mains de ses ministres ? Son espérance ne fut pas trompée. Dans cette atmosphère religieuse, le cœur du jeune Thomas s'ouvrit à l'aise et respira librement du côté du Ciel. Toujours grave et recueilli, il pensait à ce DIEU dont sa mère et ses maîtres lui parlaient souvent et dont il sentait, sans se l'expliquer, la présence mystérieuse. Son souvenir le poursuivait jusque dans ses jeux. Pendant que ses camarades, enivrés de soleil et de liberté, se livraient avec transport à leurs ébats, lui, marchait à côté du maître, l'écoutant et l'interrogeant... « Maître, disait-il, qu'est-ce que DIEU ? qu'est-ce que DIEU ? » Et jamais la réponse ne contentait pleinement son âme affamée de l'Infini.

Es jours se passent vite près de Dieu. Déjà cinq ans s'étaient écoulés, et Thomas, l'esprit aussi ouvert aux sciences qu'aux choses divines, savait tout ce que son âge pouvait apprendre au Mont-Cassin. Il revint donc au château, dont il fut le charme et l'idole. Les pauvres du voisinage surtout l'adoraient. C'est qu'il leur donnait tout ce qui lui appartenait, et même ce qui ne lui appartenait pas encore. Les domestiques s'en émurent et avertirent son père, qui surveilla le trop charitable voleur. L'occasion de le prendre ne se fit pas attendre. Un jour que Thomas portait à des pauvres, bien serré contre sa poitrine, le produit de son pieux larcin, le comte survient et lui ordonne d'ouvrir son manteau. Le pauvre enfant s'exécute ; mais, ô miracle ! ce sont des roses qui tombent aux pieds du père désarmé. — Dieu, en bénissant ainsi la charité du jeune prédestiné, le préparait à son insu au vœu de pauvreté, qui devait être, dans un jour prochain, un des inspirateurs de son génie.

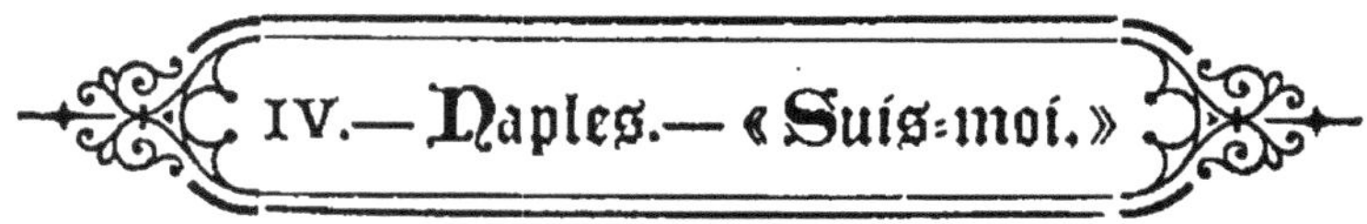

IV.— Naples.— « Suis-moi. »

CEPENDANT, l'heure d'une nouvelle séparation approchait. Si chaud, si sûr, si fortifiant que soit le doux nid de la famille, il est rare que l'intelligence et le caractère s'y trempent assez fortement pour les dures luttes de la vie. C'est à des étrangers, souvent, qu'il faut demander la lumière et l'expérience. Les parents de Thomas l'aimaient trop pour ne pas le comprendre, et, sacrifiant leur bonheur du moment aux intérêts futurs de leur enfant, ils l'envoyèrent à Naples. L'Université de cette ville comptait un grand nombre d'étudiants, attirés par la beauté du climat et la réputation des professeurs. Là, comme partout, la jeunesse s'y amusait follement, dépensant en des plaisirs souvent défendus le plus pur de sa sève. On y travaillait aussi avec ardeur. Recueilli par nature, fidèle au devoir par principes religieux, Thomas prit le premier rang parmi les laborieux et les sujets d'avenir. Simple, nette, allant au but, sa parole était déjà écoutée de tous. Il semblait qu'en passant par son intelligence et par ses lèvres, les leçons devenaient plus lumineuses et plus vraies, et les historiens assurent que les élèves ravis saluaient en lui leur chef, et les maîtres, presque leur égal.

Une âme même élevée eût été sensible à « ce premier coup de clairon de la gloire. » Thomas semblait ne pas l'entendre. Une voix plus puissante lui parlait au cœur d'une gloire plus pure. Ce fils de grand seigneur, ce descendant de rudes guerriers, aspirait à l'obscurité pacifique du cloître. Etaient-ce les souvenirs du Mont-Cassin qui hantaient son imagination ? Etait-ce la voix des grands moines qui l'appelait au « *Laus perennis ?* » Non. A peine fondé depuis vingt ans par un prédicateur aussi saint qu'illustre, l'Ordre des Prêcheurs jetait en ce moment, à Naples même, un vif éclat de sainteté et de science, et c'est vers lui qu'inclinait le cœur du jeune étudiant. Il allait souvent prier dans la chapelle des Dominicains, et aimait à s'entretenir avec les religieux de leur genre de vie. Tout ce qu'il en apercevait, l'attirait fortement. La voix intérieure devenait plus impérieuse. « Suis-moi, disait-elle, laisse les morts enterrer les morts. — Je suis la voie, la vérité, la vie. — Je suis Dieu. — Viens. » Les religieux l'en pressaient doucement. Un d'entr'eux, homme d'une haute vertu et d'un grand renom dans la ville, eut une vision dans laquelle il l'aperçut revêtu de l'habit dominicain. « Dieu vous donne à nous, lui dit-il, venez. » Thomas n'hésite plus. Il laisse là ses livres, ses maîtres, ses condisciples, entre au couvent, et, sans prévenir sa famille, prend l'habit au bout de quelques jours.

RAND émoi dans la cité ! Le seigneur d'Aquin s'est fait Dominicain !!! L'étonnante nouvelle arrive bientôt au château de la Rocca-Secca. Le cœur de Théodora en bondit. Est-ce la femme chrétienne qui tressaille d'offrir à Dieu son sang en holocauste et veut revoir la victime ? Est-ce la mère jalouse de voir son enfant lui préférer des étrangers ? L'une et l'autre peut-être. Quoi qu'il en soit, la mère de Thomas part aussitôt pour Naples, court au couvent des Dominicains et demande son fils. Son fils ! Pressentant l'orage, il est déjà parti pour Rome. Eh bien ! allons à Rome.—Pauvre femme ! il est trop tard, votre bien-aimé est parti de Rome pour Paris. — Cette fois, c'est trop. Blessée au cœur, elle enjoint à ses deux fils, qui servent dans l'armée impériale, de s'emparer du fugitif, coûte que coûte. La chasse ne fut pas longues. Surpris avec son compagnon auprès d'une source où ils se reposaient un peu de leurs marches forcées, Thomas est saisi,

RUINES DU CHATEAU-FORT DE ROCCA-SECCA.
D'après une photographie.

garrotté, injurié, battu, et, sa blanche robe en lambeaux, ramené à sa mère, qui l'enferme dans la prison du château. Alors, l'assaut commença. Maternellement attachée à sa proie, Théodora venait à chaque instant voir son fils, le harcelant de ses reproches, de ses larmes et des témoignages d'une tendresse qui ne s'appartenait plus. Rien n'ébranla le jeune religieux. Il aimait sa mère de tout son cœur, sa mère le savait bien, mais il aimait Dieu plus que sa mère et Dieu le voulait à Lui. Ses sœurs vinrent au secours de la mère, ses deux sœurs qui ne faisaient avec lui qu'un cœur et qu'une âme. Elles aussi essayèrent de lutter contre sa vocation ; vaincues elles-mêmes et gagnées à la vie religieuse, elles passèrent à l'ennemi, trop heureuses d'adoucir, par leur tendresse assidue, la captivité de leur frère.

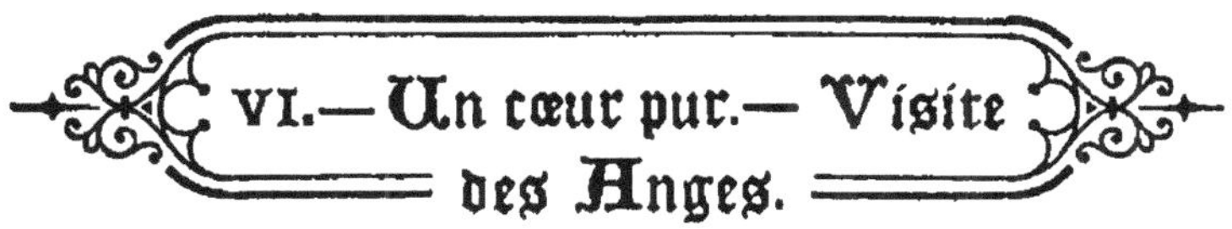

VI. — Un cœur pur. — Visite des Anges.

H quoi ! sera-t-il dit que personne n'aura raison d'une si folle obstination ? C'est alors que ses frères, en soudards qui en ont vu bien d'autres, conçurent un infernal projet. Ils savaient que la vie religieuse est une vie de pureté absolue, ils savaient que leur frère était chaste et que c'était pour rester chaste qu'il s'était donné à Dieu. « Tendons un piège à cette vertu frêle encore et ingénue ; elle y succombera sûrement, et alors... adieu les Dominicains !... » Un soir donc, entre dans la cellule du prisonnier une femme, jeune, belle, enveloppant le noble adolescent de ses regards, de ses caresses et de ses protestations enchanteresses. Thomas sent le péril. Indigné, il saisit, au foyer, un tison brûlant et en frappe la malheureuse, qui s'enfuit... Puis, avec le même tison vainqueur, il trace sur le mur une croix, s'agenouille devant elle, remercie le Dieu des cœurs purs de sa victoire et le supplie d'éloigner de lui, à jamais, de pareilles tentations. Alors, réponse divine, Thomas est ravi en extase, deux Anges descendent près de leur jeune frère, lui parlent avec amour et le ceignent, non sans une vive douleur, d'un cordon mystérieux, symbole à

la fois et instrument d'une vertu désormais
intangible. Après sa mort, son confesseur

MIRACLE DES ANGES CEIGNANT SAINT THOMAS D'AQUIN
D'UNE CEINTURE DE CHASTETÉ.

D'après une estampe gravée par Boël.

dira de lui qu'il a été toujours innocent
comme un enfant de cinq ans.

Aussi bien, depuis six siècles, cette action purificatrice se perpétue. Des chrétiens, en grand nombre, ceignent ce cordon chargé de la bénédiction des Anges, et, comme saint Thomas, en ressentent l'influence rédemptrice.

La victoire était décisive. Comment lutter encore contre Dieu? Mais aussi, comment s'avouer vaincu devant le monde? L'affection de deux sœurs est si inventive!... Un beau matin, les Dominicains de Naples furent, en grand mystère, priés de se trouver, la nuit suivante, sous la tour du château : on leur remettrait le prisonnier. — La journée fut bien longue. La nuit venue, les Dominicains sont au rendez-vous. A peine, là-haut, aperçoit-on l'ombre des deux conspiratrices, dont les mains descendent silencieusement le cher fugitif, qui tombe dans les bras des religieux et les suit au couvent.

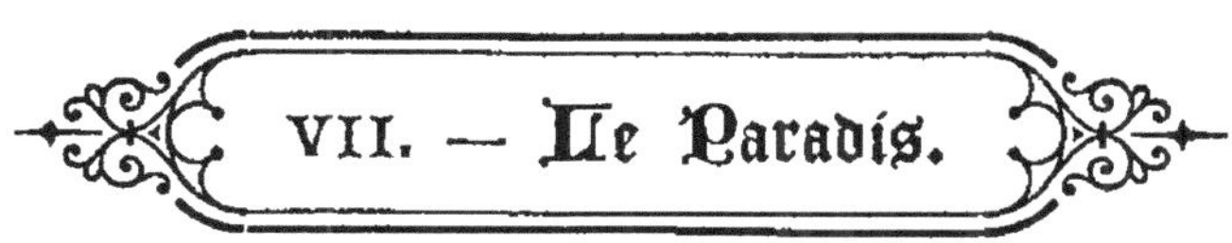

ERTES, le vaillant novice avait fait la preuve de sa vocation. Après quelques jours, il fut admis à la profession et conduit, par le Maître général en personne, à Cologne, pour y suivre les leçons du Dominicain Albert le Grand.

Alors commença, pour le pieux étudiant, une vie nouvelle, pleine de la paix et des saintes joies de l'âme. Les heures de la prière commune étaient toujours trop courtes au gré de ses désirs. Tous les instants du jour et de la nuit que l'obéissance lui laissait, il les passait au pied de l'autel, près de ce Dieu dont il avait toujours soif.

La vie commune aussi, toujours redoutable, même pour les caractères les plus souples, lui faisait presque oublier les inoubliables douceurs de la vie de famille. Il se faisait tout à tous avec une telle simplicité, que ses compagnons semblent en avoir quelquefois abusé. Ainsi, une fois, pendant la récréation, l'un d'eux, regardant par la fenêtre, lui cria : « Frère Thomas, un bœuf qui vole. » Frère Thomas accourt pour voir le phénomène. Et tous de rire d'une pareille candeur. « Que voulez-vous, leur dit-il, je croyais qu'il était plus facile à un bœuf de voler qu'à un religieux de mentir. »

Est-il besoin de dire, après le Mont-Cassin et Naples, que l'étude avait pour lui d'irrésistibles attraits ? Il s'y livrait avec une sainte passion, écoutant son maître incomparable, lisant, méditant, creusant avec une infatigable ardeur les problèmes les plus ardus de la philosophie et de la théologie. Oh ! l'heureux temps ! C'était vraiment le Paradis terrestre ! Dieu « y passait » dans le murmure de la prière, l'amitié des frères et les révélations d'un travail religieux et acharné.

ÉCOLE DU BIENHEUREUX ALBERT LE GRAND.

S. Thomas est à droite du Maître. (D'après un tableau de Fra Angelico. — Florence, galerie antique et moderne.)

VIII. — Bœuf muet. Premiers mugissements.

RONIE des jugements humains ! Lui dont l'intelligence supérieure avait été devinée au Mont-Cassin et applaudie à Naples, n'était pas apprécié de ses condisciples. Son silence absolu dans les conversations et les discussions, son recueillement continuel, son travail obstiné, le faisaient regarder comme un esprit lent et de faible portée. Ses camarades, aussi frappés de sa haute taille et de sa forte corpulence que de son apparente infériorité intellectuelle, l'appelaient « le grand bœuf muet de Sicile. » L'un d'eux s'offrit même à lui donner des répétitions sur les matières enseignées. Aussi humble que grand d'esprit et de cœur, Thomas accepta. Mais, un jour, le répétiteur bénévole eut à expliquer à son élève une leçon très difficile. Croyant, fort à tort, la posséder, il s'embarrassa bientôt dans ses pauvres commentaires. Faute d'une idée claire, il parlait, parlait dans le vide, si bien que les mots finirent par lui manquer.

La conférence tournait à sa confusion. Alors, avec cette cordiale bonhomie dont aucune susceptibilité ne pouvait se froisser, Frère Thomas lui demanda la permission de lui exposer à son tour ce qu'il croyait avoir compris. En quelques mots simples, nets, décisifs, il lui montra et dénoua le nœud de la question. L'autre en fut stupéfait. N'y mettant, lui non plus, aucun orgueil, il le supplia d'écrire son explication, qu'il remit sans rien dire à Albert le Grand. L'illustre professeur, fort étonné, se dit qu'il saurait bien ce que valait cet éclair inattendu d'intelligence. A la première séance publique, il engagea lui-même la discussion avec le Frère Thomas. C'était merveille de voir le vieux professeur, très animé, serrant son élève de près et le poussant, d'objection en objection, jusque dans les dernières obscurités de la philosophie et de la théologie : le jeune étudiant répondait à tout avec une facilité, une précision, une sûreté de vue imperturbables. « Frère Thomas, dit Albert » transporté, vous répondez, non comme un » élève, mais comme un maître. Oui, mes

» Pères et mes Frères, nous l'appelons
» un bœuf muet, mais les mugissements

SAINT THOMAS D'AQUIN SOUTIENT, PAR ORDRE
DU BIENHEUREUX ALBERT-LE-GRAND, UNE THÈSE
EN PRÉSENCE DE SES CONDISCIPLES.
D'après une estampe gravée par Swanenburg.

» de ce bœuf retentiront dans le monde
» entier. »

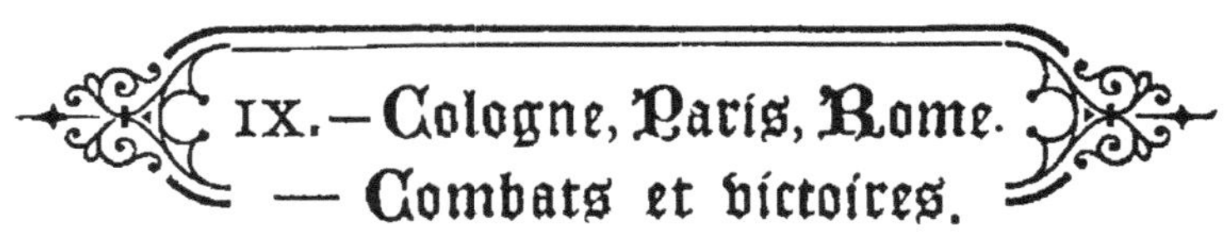

ÈS ce moment, se forma, entre le maître et l'élève, une de ces liaisons intellectuelles aussi tendres et aussi fidèles, souvent, que celles du cœur. Ensemble ils allèrent à Paris, Albert pour y enseigner, Thomas pour y finir ses études. Ensemble ils revinrent à Cologne, pour y professer à côté l'un de l'autre. Du premier coup, l'élève se mit à la hauteur du maître ; une jeunesse nombreuse entourait les deux chaires et passait de l'une à l'autre avec le même enthousiasme, sans que jamais la moindre jalousie vînt aigrir l'amour mutuel des deux saints rivaux.

Mais, si brillante que fût Cologne, Paris la dépassait encore et demandait Thomas. Après un stage de quatre ans, les supérieurs de l'Ordre l'y appelèrent. Dès ses premières leçons, tout le monde put voir que ce professeur de vingt-six ans apportait à l'Université plus d'honneur qu'elle ne lui en faisait. C'est que sa manière était aussi originale et parfaite que sa doctrine sûre et étendue. Simple, clair, dégagé de tout alliage, distribué dans un ordre harmonieux, l'enseignement marchait au but pas à pas, de lumière en lumière, de hauteur en hauteur, jusqu'à ce que la vérité se montrât presque sans ombres. Ecriture sainte, théologie, philosophie, sciences naturelles, tout était exploré, mis à nu, analysé et reconstitué par ce vigoureux esprit. La somme de travail qu'il y dépensait était immense. Non seulement il faisait régulièrement ses cours, il prêchait souvent et ne fermait sa porte à aucun jeune homme studieux, mais à ce labeur régulier et quotidien, s'en ajoutait un autre d'une portée plus générale. Quand les étudiants, venus de tous les bouts du monde, retournaient dans leur pays, ils y parlaient de lui, de sa science et de sa vertu. Les savants étrangers, les évêques, les cardinaux, les Papes eux-mêmes le consultaient. Toujours il répondait, et ces réponses, condensées en énormes volumes, suffiraient à défrayer l'activité réfléchie d'une vie humaine.

Il semble que tant de travaux, de bienveillance et de génie modeste né devaient
exciter qu'une reconnaissante admiration.
Erreur! La gloire de saint Thomas était
grande, trop grande pour plusieurs de ses
collègues. Ne pouvant l'égaler, ils résolurent
de lui nuire. Alors, comme depuis, les Ordres
religieux, honorés et aimés des uns, étaient
peu goûtés des autres. Quelques-uns même,
et non des moindres, croyaient, par cette
hostilité, servir la grande famille catholique
et sacerdotale. Saint Paul avait dit :
« Pourvu que le CHRIST soit annoncé,
qu'importe par qui ? » Cette parole est trop
forte pour certaines âmes. De bonne foi et
de droit divin, elles s'arrogent le monopole
du bien. Les professeurs de l'Université de
Paris, inconsciemment jaloux des Ordres
religieux, des Dominicains en particulier, les exclurent d'office, et sous le vain
prétexte de solidarité trahie, de l'enseignement universitaire. A cette première
attaque par le fait, ils en ajoutèrent une
seconde par la plume. L'un d'eux, Guillaume de Saint-Amour, dans un livre

GUILLAUME DE SAINT-AMOUR AUX PIEDS DE S. THOMAS.

D'après le tableau de Benozzo di Gozzoli, XVe siècle.

haineux, dénonça les Dominicains comme « le péril des derniers temps. » L'adversaire n'était pas à dédaigner, et les religieux s'émurent. Ils en appelèrent à Rome, le premier et le dernier juge de toute cause religieuse. Saint Thomas fut choisi pour y porter la défense de ses frères. Il le fit avec tant de vigueur et d'évidence, que le Souverain-Pontife lui donna gain de cause et obligea l'Université à rendre aux Dominicains leurs chaires avec leurs privilèges.

Cette crise passée, Thomas reprit ses cours et ses travaux. De Paris ou de Rome, il étendait au loin son influence, et quatre secrétaires, auxquels il dictait à la fois, suffisaient à peine à la surnaturelle abondance de son esprit.

A la demande de saint Raymond de Pennafort, Dominicain comme lui, qui bataillait saintement en Espagne, par la parole et la charité, contre les musulmans et les erreurs, saint Thomas écrivit la Somme contre les infidèles (les Gentils), démonstration invincible de l'autorité de la raison dans son domaine, de son accord avec la foi, de la nécessité d'une croyance religieuse, de la vérité et de la transcendance du christianisme.

Sur les instances des Souverains-Pontifes, qui déjà portaient, dans leur grande âme, l'apostolique ambition de réconcilier les Eglises orientales schismatiques avec l'Eglise Romaine, mère et maîtresse de toutes les Eglises, il écrivit plusieurs opuscules contre le schisme grec, avec la bienveillance inaltérable et la fermeté victorieuse de son clair génie.

Les Juifs eux-mêmes, autre question toujours brûlante, n'échappaient pas à son avide activité. A Rome, il discutait avec eux jour et nuit. Hélas ! il voyait de ses yeux combien l'évidence même est faible contre l'orgueil de l'esprit ! Ses arguments faisaient peu. Alors il priait, jeûnait, souffrait, et ses pénitences forçaient l'entrée de ces cœurs obstinés. Une nuit de Noël, à force de prière et de sang versé, il obtint de Jésus naissant la conversion de deux Rabbins, dont il n'avait pu jusqu'alors convaincre la vaniteuse sagesse.

L ne faudrait pas croire que cette existence si occupée se consumât tout entière dans les luttes intellectuelles. Les saints sont des hommes complets ; leur cœur est aussi chaud que leur esprit est lumineux ; l'amitié et la vérité, comme deux sœurs jumelles, réjouissent leur vie. Saint Thomas avait, à Paris, deux amis, l'un sur le trône, l'autre sous la bure franciscaine. Saint Louis, saint Bonaventure, saint Thomas d'Aquin, aimable trinité d'amis, aussi grands par le cœur que par l'intelligence, types ravissants de la perfection humaine achevée par la grâce divine ! Qui n'a entendu parler de l'amitié de saint Louis pour les Dominicains, pour saint Thomas en particulier ? Ne sait-on pas que, la veille des conseils royaux, quand il y avait des affaires graves à traiter, le prince en envoyait l'exposé au savant religieux, afin qu'il voulût bien lui donner son avis ? Personne n'a oublié ce trait qui montre la force d'application du théologien et l'amicale bonté du saint roi. Un jour, invité à la table royale, le jeune docteur semblait absorbé dans sa pensée. Les mets et les conversations s'échangeaient autour de lui sans qu'il s'en aperçût. Tout à coup, sortant de son extase, avec un geste victorieux : « Voilà, s'écrie-t-il, qui est décisif contre les manichéens. » De sa cellule à la table du prince, il n'avait vu que son idée. Les convives le regardaient, un peu effarés, mais le roi, plus sensible aux découvertes d'une grande intelligence qu'aux exigences de l'étiquette, lui pardonna en souriant cet oubli des convenances.

Avec saint Bonaventure, c'était la même passion pour la vérité, la même simplicité dans l'amitié. Ils se visitaient souvent, et toujours ils se quittaient plus édifiés et plus unis en DIEU. « Où donc puisez-vous cette science surhumaine ? » disait saint Bonaventure. Saint Thomas, lui montrant le crucifix : « Dans ce livre, j'ai plus appris que dans tous les autres. »

Une autre fois, c'était saint Thomas qui

D'après une statue placée au-dessus du jubé de l'église des religieuses de Poissy. (*Monuments du règne de S. Louis.*)

surprenait son ami dans les familiarités divines. Ouvrant la porte de sa cellule, il trouva saint Bonaventure, qui écrivait alors la vie de saint François d'Assise, plongé dans l'extase et ne s'apercevant pas de sa présence. « Retirons-nous, dit-il à son compagnon, laissons un saint écrire la vie d'un saint. »

XI. — L'Eucharistie.

Ces deux amis, pourtant si dignes, saint Thomas en préférait un autre, l'Ami divin, Jésus-Christ caché sous les voiles eucharistiques, mais senti par sa foi et son amour. L'Eucharistie! Saint Thomas d'Aquin! Depuis six siècles, ces deux noms ne sont-ils pas inséparables? Jeune homme, fort, tendre et pur, Thomas allait fréquemment manger ce Pain des forts, se reposer sur le Cœur sacré

SAINT BONAVENTURE.

D'après une fresque de Fra Angelico, chapelle
de Nicolas V, au Vatican.

de Jésus-Christ et boire ce Vin des vierges.

Dominicain, on le voyait sans cesse au pied de l'autel, les yeux et le cœur tendus vers le tabernacle.

Prêtre, il célébrait tous les jours la sainte Messe et en servait humblement une autre en action de grâces. Souvent, il ne pouvait contenir ses larmes ni l'extase qui l'emportait au Ciel, près de la Victime éternelle, toujours vivante et toujours s'immolant pour nous.

Docteur, quand il ne pouvait résoudre une difficulté, il allait simplement frapper à la porte du tabernacle et attendait la réponse. Une discussion s'était un jour engagée entre les professeurs de l'Université sur la transsubstantiation. Plus on raisonnait, moins on s'entendait. De guerre lasse, on résolut de s'en remettre à la décision de saint Thomas. Celui-ci se recueille, prie, étudie, écrit sa réponse. Mais, ne voulant pas la communiquer avant d'avoir une dernière fois pris l'avis de Dieu, il se rend à l'église, dépose son manuscrit sur l'autel,

et, avec une filiale audace, demande à
Notre-Seigneur de lui indiquer, par un
signe, s'Il approuve son sentiment. Alors
des religieux, qui l'avaient suivi en secret,
virent Notre-Seigneur sortir du tabernacle
sous la forme d'un enfant, s'arrêter sur
l'écrit même de saint Thomas, et enten-
dirent ces mots : « Oui, vous avez dit sur
» le mystère de mon Corps et de mon
» Sang tout ce qu'on en peut savoir en ce
» monde. »

Poète, il va chanter, sur le mode des
Anges, les merveilles du monde eucharis-
tique. C'est à sa demande que le pape
Urbain IV, déjà sollicité, il est vrai, par la
Bienheureuse Julienne, institua la fête du
Saint-Sacrement. C'est lui qu'il chargea
d'en composer l'office définitif, et c'est cet
office que l'Eglise catholique chante encore
à son DIEU présent en elle, corps et âme, à
Saint-Pierre de Rome comme dans la case
du missionnaire africain. Une pieuse légende
nous montre saint Thomas lisant, devant
le Pape et les Cardinaux, l'office qu'il vient
de composer ; derrière lui, saint Bonaven-

ture, chargé du même travail, écoute la

LE PAPE URBAIN IV.

D'après une estampe de la *Vie des Pontifes*, gravée par
J.-B. de Cavallieri, XVIIe siècle.

lecture, et, saintement jaloux, désespéré,

déchire son manuscrit. L'œuvre de saint Thomas, en effet, est incomparable. La vérité du dogme y est exposée avec un ordre, une sobriété, une justesse admirables. Chaque mot est plein de sens ; il arrive à sa place en cadence, et forme, avec ses compagnons, une strophe rimée et complète. Peut-être n'y trouverez-vous pas l'éclat du style, les brillantes images et l'humaine passion par lesquels nos poètes modernes frappent les sens. Mais, quelle piété débordante ! quelle sensation surnaturelle du divin ! Qui peut entendre le *Lauda Sion* et l'*Adoro te* sans frémir comme à la présence et au passage de DIEU ? Tout y est humain et tout y est divin. C'est bien le chant triomphal de l'Homme-DIEU.

XII. — Derniers travaux. La vie en Dieu.

INSI, Frère Thomas s'avançait dans la vie toujours priant, toujours étudiant, toujours écrivant, toujours enseignant, apparaissant à tous comme l'ouvrier de DIEU, sans faute et sans repos. Depuis quelques années, désirant léguer à la jeunesse qu'il aimait tant le résumé de son enseignement théologique, il composait, à travers d'autres travaux, ce livre prodigieux, connu de l'univers entier, dans lequel il a condensé, codifié sa pensée, et qu'il a appelé : « *La Somme théologique.* » DIEU, la création, les Anges, l'homme, la vie morale, JÉSUS-CHRIST, les Sacrements, toute cette vie rédemptrice répandue dans le monde par l'Incarnation, tout y est exposé avec une méthode sûre, une grande largeur de vues et une profondeur où les plus vastes esprits peuvent se plonger à l'aise. Malheureusement, ce chef-d'œuvre, si bien proportionné dans son immensité, n'est pas complet. La mort est venue avant le couronnement, ou plutôt la vie, la vraie vie, a fait tomber la plume de cette main qui écrivait les « Articles, » « ces miracles, » comme les appelait un Pape. — Toute la vie de saint Thomas avait été comme une extase continuelle, extase de l'esprit dans la contemplation de la vérité, extase du cœur dans l'union à DIEU. Plus la fin approchait, plus l'extase devenait fréquente et prolongée. Peu à peu, il se retirait, même de la compagnie de ses frères, pour se donner à Celui dont la vision l'attirait irrésistiblement. Une fois, pendant son action de grâces après la Messe, DIEU lui découvrit les secrets du Ciel. Comme l'Apôtre, il redescendit incapable de rien dire, mais, avouait-il, si rempli de dégoût pour tout ce qu'il avait écrit ou enseigné, qu'il ne pourrait plus désormais se résoudre à parler des choses saintes. Noble découragement de cet angélique génie, qui, pour ne pas l'amoindrir ou la profaner, garde dans son cœur l'inexprimable Vérité qu'il a vue !

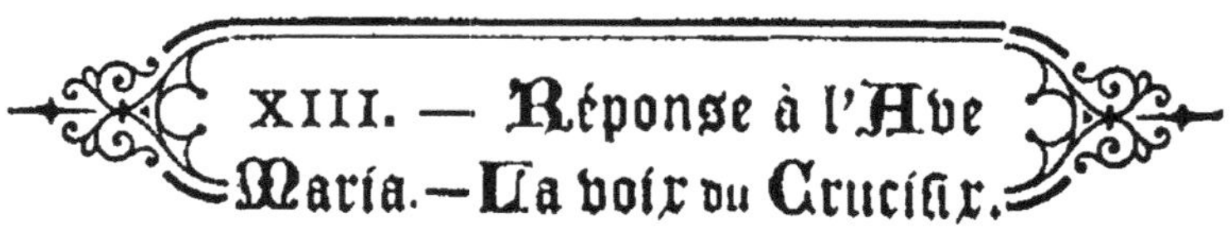

XIII. — Réponse à l'Ave Maria. — La voix du Crucifix.

EPENDANT, mieux que tous les applaudissements qui avaient salué son enseignement, l'approbation divine vint plus d'une fois en confirmer la vérité. Les apôtres Pierre et Paul s'entretenaient avec lui ; la Sainte Vierge, se souvenant de l'Ave Maria du bain, voulut y répondre au moment où la mort allait envelopper Thomas de son linceul. Souvent son dévot serviteur venait à son autel, inquiet, comme il arrive quelquefois aux plus grands esprits et aux plus grands saints. Sa doctrine était-elle vraie, sa vie assez pure, son salut éternel assuré ? Marie lui apparut toute rayonnante d'une pureté et d'une félicité infinies : « Soyez sans crainte, lui dit-elle, » votre doctrine est sûre, votre vie sans » tache, votre salut certain. »

Il y avait dans l'église de Saint-Dominique, à Naples, un Crucifix devant lequel saint Thomas aimait à prier. A lui aussi, il redisait ses craintes et ses espérances. Il était là haletant, suppliant, tout son être emporté vers la sainte image par une foi intense. Un jour, on le vit s'élever au-dessus de terre, les regards fixés sur son Dieu ; les lèvres du Crucifié s'ouvrirent : « Thomas, » dit la voix, vous avez bien écrit de moi.

» Quelle récompense voulez-vous ? » « Pas

L'INTÉRIEUR DE SAINT-DOMINIQUE A NAPLES
D'après une photographie.

» d'autre que vous, Seigneur, » répondit

le saint. Pacte sacré du Créateur avec sa créature, humble baiser de pur amour sur la plaie sanglante du Cœur de Jésus : qui ne donnerait sa vie pour un pareil moment !

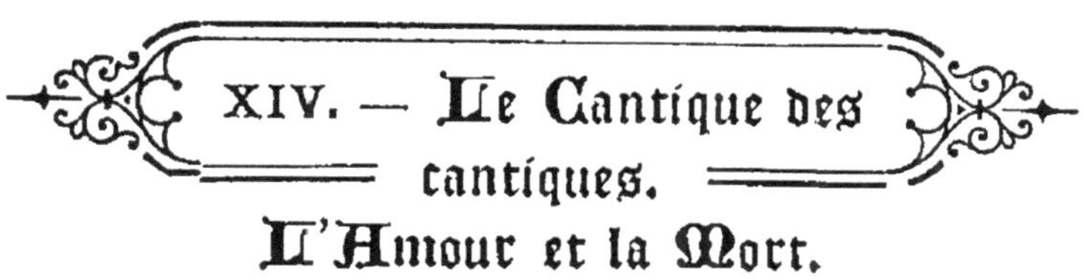

XIV. — Le Cantique des cantiques. L'Amour et la Mort.

Es peintres représentent saint Thomas un soleil sur la poitrine. Ce symbole est très juste. Saint Thomas n'était pas seulement une intelligence ; les rayons de la vérité éternelle qui tombaient du Ciel sur son esprit se réfléchissaient au fond de son cœur et y produisaient un ardent foyer d'amour. C'est pourquoi, à l'heure où nous sommes, de même que son esprit ne trouvait plus aucun charme dans l'étude, de même aussi son cœur languissait loin de Dieu, qu'il entrevoyait dans la pénombre de ses révélations et qu'il ne pouvait saisir face

à face. DIEU ! DIEU ! qui me donnera DIEU ?
La terre, pourtant, semblait le réclamer
encore. Le pape Grégoire X avait convoqué
un Concile général à Lyon, et il espérait y
conclure enfin l'accord filial de l'Eglise
grecque avec l'Eglise romaine. Saint Thomas, déjé chargé, par les papes précédents,
de plusieurs ouvrages sur la question, était
tout son espoir. Il l'appela donc au Concile.
En vrai Dominicain, fils obéissant du pape,
le grand docteur se mit en route, dès le
mois de janvier. Par esprit de foi, plus
encore que par esprit de famille, il crut
devoir s'arrêter quelques jours chez une de
ses nièces, femme d'une rare vertu. Il y
tomba malade. C'était l'appel de DIEU.
Thomas en eut le pressentiment, et voulant
mourir comme il avait vécu, en parfait religieux, il dit à son compagnon : « Si DIEU
» daigne venir nous visiter, il est mieux que
» nous le recevions chez nous que chez des
» étrangers. Partons. » Ils se dirigeaient
vers le couvent de l'Ordre le plus proche.
La maladie ne leur laissa pas le temps ni la
joie d'y arriver. Ils durent s'arrêter à Fosse-

Neuve, dans un couvent de Cisterciens, où ils reçurent la plus fraternelle hospitalité. Les enfants de saint Bernard traitaient leur hôte comme leur père lui-même, avec vénération, le soignant de leurs propres mains, sans permettre à aucun mercenaire rien de ce qui touchait à son service, même de couper du bois pour son feu. En retour, ils auraient bien voulu entendre de sa bouche éloquente quelques-uns de ces enseignements dont l'écho enthousiaste avait franchi les murs de leur solitude. Ils le supplièrent de leur commenter, après leur Père saint Bernard, le Cantique des cantiques. « Donnez-» moi le cœur de Bernard, leur répondit-il, » et je vous redirai ses leçons. » Enfin, son humilité se laissa vaincre. Chaque jour, autour de sa pauvre couche, les religieux se réunissaient avides et recueillis. Soutenu par l'un d'eux, tant sa faiblesse était grande, le cœur près du Cœur de Dieu, il leur expliquait phrase par phrase, mot par mot, ce cantique spirituel de l'amour du Christ pour l'âme humaine, pour l'âme religieuse surtout, qu'il a choisie entre toutes, qu'il a prise pour épouse, qu'il a enrichie de plus de grâces, et de qui il exige un retour plus absolu. Sous sa parole toujours simple, toujours claire, toujours calme, mais pénétrée d'une flamme intérieure, les cœurs se sentaient embrasés et redisaient au Dieu de leur profession les promesses de l'épouse. Pour saint Thomas surtout, c'était le chant de l'ami allant à la recherche de son Bien-aimé, le demandant à tous les passants, ne pouvant vivre sans lui ; c'était l'Amour étendant les bras vers la Mort. Patience ! en lui, l'amour et la mort allaient se rencontrer. Car la mort était là. La voyant près de lui, saint Thomas voulut une dernière fois recevoir son Dieu dans la sainte Communion. Quand l'Hôte divin entra dans sa cellule, il se souleva de son lit de cendres, comme pour aller vers Lui. « Croyez-vous, lui dit le prêtre, que » cette hostie renferme le vrai Fils de Dieu, » le même qui est né d'une Vierge et mort » sur la croix ? » « S'il était dans cette » vie, répondit le mourant, une lumière » supérieure à la foi, qui pût révéler à » nos âmes la vérité de ce sacrement,

» je n'affirmerais pas avec plus de certi-
» tude que celui-ci est vrai Dieu et vrai
» homme, Fils du Père éternel et d'une
» mère Vierge. Je crois de cœur et je pro-
» teste de bouche tout ce que l'Eglise
» catholique enseigne sur le T. S. Sacre-
» ment.

» Je vous reçois, ô vous qui vous êtes fait
» le prix de la rédemption de mon âme.
» C'est pour l'amour de vous que j'ai étudié,
» prié, travaillé ; c'est vous que j'ai cons-
» tamment prêché, enseigné. Je n'ai jamais
» volontairement rien dit qui fût contraire à
» la foi, mais s'il avait échappé quelque
» erreur à mon ignorance, je ne suis
» pas opiniâtre dans mon sentiment,
» j'abandonne tout à la suprême auto-
» rité de l'Eglise romaine, dans l'obéis-
» sance de laquelle je passe de l'exil à la
» patrie. »

Il mourut le 7 mars 1274, après une
courte et calme agonie, à peine âgé de
48 ans !

SA mort fut un triomphe.

Triomphe au Ciel. Plusieurs Dominicains, religieux fervents, virent monter son âme au Paradis, comme un globe de feu. L'un d'eux, dans une vision, entendit saint Augustin lui dire : «Thomas, au Ciel, est mon égal en gloire, mais il l'emporte sur moi par la couronne de la Virginité. »

Triomphe au jour des funérailles, honorées par la présence de plusieurs princes, d'évêques illustres, et par les larmes du peuple.

Triomphe dans sa canonisation, demandée non seulement par son Ordre, mais par les plus grands personnages et les Universités les plus en renom : Bologne, Naples, Cologne, Paris ; célébrée, moins de cinquante ans après sa mort, par le pape Jean XXII.

Triomphe dans ses reliques, instruments divins de miracles sans nombre, enjeu, pendant près d'un siècle, d'une lutte jalouse entre Fosse-Neuve et les Dominicains.

Accordées enfin par le pape Urbain V aux Dominicains de Toulouse, en 1369, elles

— LE PAPE JEAN XXII. —

D'après une estampe ancienne, gravée par
J.-B. de Cavallieri, XVIIe siècle.

sont vénérées dans cette ville comme le palladium de la cité. La Révolution française, qui n'a pas épargné les restes des rois, n'a fait que changer de sanctuaire les dépouilles respectées de ce roi de l'intelligence. Elles reposent maintenant dans la basilique de Saint-Sernin, et, chaque année, les orateurs les plus distingués viennent, avec les foules, leur offrir l'hommage de leur parole et de leur culte.

Triomphe dans sa doctrine. De siècle en siècle, les Papes, les Universités, les Conciles, l'ont vantée à l'envi. Au Concile de Trente, la Somme était placée à côté de la Bible, comme le commentaire le plus autorisé. Au XVIᵉ siècle, les protestants disaient : « Enlevez Thomas et nous renversons l'Eglise. » De nos jours, Léon XIII offre au monde le grand Docteur comme la digue la plus solide contre les erreurs qui l'inondent ; il l'a déclaré le Patron des Universités catholiques et de la jeunesse studieuse, disant de lui, quoiqu'à un titre infiniment inégal, cette parole de réjouissance que la liturgie adresse à la Vierge Marie : « A vous seul, vous avez défait toutes les hérésies dans le monde entier. »

Triomphe dans les âmes humbles pour
qui ces humbles pages ont été écrites. Les

BASILIQUE DE SAINT-SERNIN a TOULOUSE.

rayons du soleil n'éclairent et n'échauffent
pas seulement les hauts sommets et la tête

des grands chênes, ils descendent aussi peu
à peu dans les vallées profondes, jusqu'au
moindre brin d'herbe qu'ils nourrissent et
fécondent. La vie et la doctrine de saint Thomas ne doivent pas être seulement pour les
savants, mais, par les lèvres des prêtres, par
la voix des femmes pieuses et des laïques
instruits, elles doivent entrer dans l'esprit
et la vie du peuple, lui apprendre la vraie
science qui fait l'homme et le chrétien, et lui
montrer au Ciel le Père commun que lui,
pauvre petit théologien, peut et doit aimer
du même amour que le maître Thomas
d'Aquin.

Table des Gravures.

APPROBATION DE L'ORDRE.

Pour obéir à l'invitation du T. R. Père Provincial, nous avons lu, avec attention, la courte notice que le R. Père L. Boitel vient d'écrire sur la vie et les œuvres de saint Thomas d'Aquin. *Elle nous a paru fort bien faite, et, par conséquent, nous ne pouvons que désirer sa publication.*

Fr. A. GARDEIL,   **Fr. A. MATHIEU,**
des Fr. Prêc.   *des Fr. Prêc.*
Régent des Études.   *Prédicat. général.*

IMPRIMATUR.

Fr. R. BOULANGER,
Ord. Præd.
Prior Provinc.

www.ingramcontent.com/pod-product-compliance
Ingram Content Group UK Ltd.
Pitfield, Milton Keynes, MK11 3LW, UK
UKHW020952120726
13693UKWH00004B/1667